Der Maikäfer ist schuld

Das kleine Mädchen Dorle stand im Garten. Sie langweilte sich, denn von allen Spielkameraden war niemand zu sehen. Dorle scharrte mit den Füßen im Kies, sie riß an den grünen Sträuchern herum, und sie war auch nicht ein biß-

chen vergnügt. Zur Abwechslung schaute sie einmal in die Luft. Da sah sie etwas: ein Maikäfer flog durch den Garten. Einen Maikäfer hätte Dorle schon lange gern gehabt. Er sollte dann „Fritz“ heißen und in einer wunderschönen Schachtel wohnen. Aber der Maikäfer wollte lieber in den Nachbargarten hinüberfliegen, er hatte keine Zeit für Dorle.

„Leb wohl, Dorle!“ summte er und flog über den Zaun.

Dorle mochte von einem Lebewohl nichts wissen. Der niedrige Zaun war kein Hindernis. Allerdings hatte die Mutter verboten, hinüberzusteigen. Die Leute drüben hatten kleine Mädchen nicht so gern in ihrem Garten. Aber nun war doch der Maikäfer hinübergeflogen. Schwups, Dorle war über dem Zaun.

Zum Glück war Frau Bender, die Besitzerin des Gartens, nirgends zu sehen. Aber etwas anderes war zu sehen: klein, schwarz und struppig kam es angesaust und bellte: „Wau wau wau, pfui, pfui, man steigt nicht über den Zaun! Pfui!"

„Sei still, Purzel, sei doch still!" bat Dorle. Purzel erkannte Dorle und hüpfte voller Freude an ihr hoch. Dann aber rannte der Hund davon, in einen kleinen Stall hinein. Dorle lief natürlich mit. Den Maikäfer, der „Fritz" heißen sollte, hatte sie ganz vergessen..

In dem Ställchen erwartete Dorle eine große Überraschung: da lagen in einem Korb drei winzigkleine Hündchen! Purzel

hüpfte in den Korb, und alle drei krochen schnell zu ihr hin, denn sie war ja ihre Mama.

Dorle setzte sich auf den Boden. Wie die Kerlchen winselten und übereinander purzelten, es war zu drollig. Sie wollten doch alle bei Purzel trinken, sie waren ja so hungrig. Endlich hatte jedes seinen Platz gefunden. Purzel lag ganz still, und die drei Mäulchen schmatzten gierig drauflos. Dorle konnte sich von dem Anblick nicht trennen. Sie hatte alles um sich herum vergessen — und die Zeit verstrich.

Da wurde die Tür geöffnet, Frau Bender kam herein.

„Aber Dorle", sagte sie, „hier steckst du, und deine Mutter sucht dich schon lange. Und du bist auch wieder über den Zaun gestiegen."

Dorle schämte sich sehr. Sie lief nach Hause und hatte in ihrem Schrecken vergessen, Frau Bender „Auf wiedersehen!" zu sagen.

Zu Hause ging es dem kleinen Mädchen nicht sehr gut. Die Mutter hatte lange nach Dorle gerufen. Und wenn Mütter lange rufen müssen, und wenn die Kinder dann nicht kommen, dann werden Mütter ärgerlich, das ist nun einmal so. Dorles Mutter besann sich nicht lange: sie drehte ihr kleines Mädchen einfach herum, und dann patschte es ein paarmal — nicht sehr fest. Da fiel Dorle der Maikäfer wieder ein. Sie schrie:

„Aber der Maikäfer! Ich wollte ihn doch haben, der Maikäfer ist schuld daran!“ Nun, die Mutter wollte von einem Maikäfer nichts wissen. Dorle konnte das nicht verstehen.

Am Abend, als Dorle in ihrem Bett lag, war alles wieder gut. Und ganz zuletzt, als die Mutter nach dem allerletzten Gutenachtkuß schon in der Tür stand, konnte Dorle noch geschwind sagen: „Oh, Mutti, so einen kleinen Hund möchte ich haben.“

Große Schmerzen

Auf der Leine flatterte Frau Benders Wäsche. Der Wind blies kräftig hinein, als wollte er probieren, wer stärker wäre: er oder Frau Benders Hemden und Leintücher.

Dorle schaute sich die Sache vom Fenster aus an. Sie schaute oft von hier über den Zaun. Drüben waren doch die kleinen Hunde, die Dorle nur selten besuchen durfte. So gern hätte Dorle sie einmal wieder gesehen!

Da war es nun wahrhaftig, als ob der Wind dem kleinen Mädchen helfen wollte. Eine Klammer, die ein großes Tuch auf der Leine festhielt, löste sich plötzlich. Der Wind blies mit vollen Backen drauflos, bis auch die zweite Klammer zur Erde fiel und das Tuch über den Zaun in Dorles Garten flog. So ein schönes Tuch konnte man natürlich nicht liegen lassen.

„Mutti!“ schrie Dorle und rannte in den Garten. Erschrocken lief die Mutter ans Küchenfenster und schaute hinaus. Aufgeregt stand ihr kleines Mädchen am Zaun und hielt ein weißes Bündel im Arm.

„Mutti, ich muß ganz schnell zu Frau Bender laufen, ihr Leintuch ist über unseren Zaun geflogen.“ Die Mutter lachte ein wenig. Sie wußte schon, warum Dorle so eifrig zu Frau Bender laufen wollte.

„Dann geh halt!“ sagte sie und machte sich wieder an ihre Arbeit. Vergnügt lief Dorle davon.

Frau Bender freute sich sehr, daß Dorle ihr Tuch aufgehoben hatte. Sie sagte:

„Danke schön!" und nahm es ihr ab. Und nun konnte Dorle ja wieder nach Hause gehen, sogar ein Gutsel hatte sie bekommen. Aber Dorle schaute die Frau noch recht bittend an.

„Willst du noch etwas?" fragte sie.

Dorle nickte: „Die Hundchen...", sagte sie.

„Ach, du möchtest sie sehen? Es ist aber nur noch eines da, und dem geht es nicht gerade gut. Ein Mann hat ihm die Ohren gestutzt, und das tut ihm weh."

Die Ohren gestutzt! Dorle war stumm vor Schrecken. Ganz ängstlich schlich sie hinter Frau Bender her. Purzel war im Stall, aber im Körbchen saß ganz still und traurig das eine Hundchen. Es drückte sich ängstlich in eine Ecke und wimmerte. Wie traurig Dorle wurde, als sie das hörte!

„So ein böser Mann!“ sagte sie erbittert. „Warum haben Sie’s denn erlaubt?“

„Ja, bei einem kleinen Schnauzer muß das sein, und es ist auch gar nicht so schlimm, es heilt schnell“, tröstete Frau Bender. „Bleib doch ein Weilchen bei ihm!“ Ja, das wollte Dorle gern tun. Ganz still kauerte sie sich neben dem Körbchen auf den Boden und betrachtete das wimmernde kleine Geschöpf. Ganz zart streichelte sie den kleinen Rücken. Sie war sehr böse: Ohren stutzen! So was Schreckliches!

„Du Armes, du Armes!“ flüsterte sie, und es war, als ob das Tierchen sie verstünde. Vielleicht hatte ihm auch das zarte Streicheln gut getan, denn alle Tiere haben es gern, wenn man recht sanft mit ihnen umgeht. Auf einmal kletterte das schwarze Kerlchen aus seinem Korb heraus und kam nahe zu Dorle hin, ja, es stieg auf ihren Schoß und kuschelte sich da zusammen. Oh, wie war das schön! Dorle empfand eine große Liebe für den kleinen Hund. Sie rührte sich nicht, um ja nicht an die kranken Öhrlein zu stoßen. Lange saßen die beiden so. Das kleine Tier wimmerte nicht mehr, und Dorle war glücklich.

Sicher würde das Hundchen bald wieder gesund werden und draußen mit Dorle und Purzel herumspringen. Dorle dachte sich vieles aus, was sie zusammen alles tun könnten. Ach, wenn nur recht bald wieder ein Leintuch über den Zaun geflogen käme!

Was ist in der Schachtel?

Dorle saß vor ihrem gefüllten Teller. Warum mußte die Mutter auch immer Spinat kochen? Er sah zwar schön grün aus, und die Mutter sagte, er schmecke gut. Aber Dorle war anderer Meinung. Traurig schaute sie auf den großen grünen Klecks, der wollte und wollte nicht kleiner werden.

„Dorle", sagte die Mutter jetzt, „wenn du recht schnell fertig wirst, dann habe ich vielleicht etwas Schönes für dich."

Ei, wie das half. Im Nu war der Teller leer. Kein Restchen Spinat blieb zurück.

„So, Mutti, jetzt das Schöne, bitte, bitte!" sagte Dorle und trug ihren Teller zur Mutter hin.

„Na“, war die Antwort, „so schnell geht das nicht. Ich habe ja nur gemeint: vielleicht! Aber geh mal langsam die Treppe hinauf zum Speicher und hol mir das Körbchen, das dort unterm Dachfenster steht, vielleicht brauche ich's heute noch.“

Folgsam nahm Dorle Stufe für Stufe der Treppe, aber sie war doch bald wieder in der Küche. Dort hatte sich inzwischen scheinbar nichts ereignet. Oder doch? Auf dem Tisch stand eine ganz gewöhnliche Schachtel.

„Mach mal den Deckel auf, Dorle!“ hieß es, „aber gib gut acht!“ Ganz vorsichtig wollte Dorle zugreifen. Da! auf einmal stupste etwas von innen gegen den Deckel, daß er über den Tisch flog. Aus der Schachtel fuhr ein kleiner, kohlschwarzer Kopf in die Höhe.

„Oh!“ sagte Dorle und blieb dann

sprachlos. Aus der Schachtel hüpfte eine kleine schwarze Pelzkugel, dehnte sich kräftig und sprang dann einfach vom Tisch herunter.

„Oh!“ sagte Dorle noch einmal, und jubelte dann los: „Das Hundchen von drüben, von Frau Bender, Mutti, besucht es uns? Wie lange kann es bleiben? Wo muß es schlafen? Darf ich jetzt noch ein Weilchen aufsein? Oh!“ Das letzte Oh! galt dem Hundchen auf besondere Weise, denn es hatte sich mitten in die Küche gestellt, und ein kleiner Bach floß unter ihm hervor. Unsicher schaute Dorle die Mutter an. Diese aber sagte nichts. Sie ergriff den kleinen Sünder nur geschwind und trug ihn in den Garten. Und während das Hundchen hier ein bißchen scheu herumlief und die neue Umgebung beroch, antwortete die Mutter auf alle Fragen Dorles.

„Das Hundchen wird in dem Körbchen schlafen, das du vorhin vom Speicher geholt hast, und du darfst noch ein wenig aufbleiben und mit ihm spielen, und — das Hundchen gehört jetzt uns."

„Uns!" schrie Dorle so laut, daß der Vater, der gerade von der Arbeit gekommen war, herbeilief. Er dachte, dem Dorle wäre ein Leid geschehen. Aber alles war ja nur Freude. Und der Vater freute sich auch. Dann gingen alle mit dem kleinen Tier wieder ins Haus, wo es aus einem neuen Schüsselchen, das die Mutter aus dem Küchenschrank hervorholte, noch ein wenig Futter bekam. Nicht sehr viel, sonst konnte ja in der Nacht allerlei passieren.

„Ja, so wie vorhin in der Küche", sagte Dorle sachverständig.

„Und am Ende noch Schlimmeres", meinte die Mutter. „Erst morgen bekommt es sein richtiges Futter. Jetzt ist Zeit zum Schlafen.“ Das sah Dorle ein: so ein kleines Tier mußte früh schlafen gehen. Also kam das Hundchen in seinen Korb am warmen Herd, und das schien ihm recht gut zu gefallen.

„Aber wie soll es den heißen? fragte Dorle noch, als sie dann auch im Bett lag.

Die Mutter hatte sich das schon überlegt: „Was hälst du von 'Mohrle', es ist doch so ein schwarzes Kerlchen. Und weißt du, 'Dorle und Mohrle', das paßt gut zusammen.“

Fast konnte Dorle ihr Abendgebet nicht sprechen, so schön war das alles: Mohrle! Ja, ja, Mohrle. Es konnte gar keinen schöneren Namen geben.

Ein schreckliches Erlebnis

„Dorle", sagte die Mutter nach einigen Tagen, „es gefällt mir gar nicht, daß Mohrle alle seine Geschäftchen in den Garten setzt. Meine schönen sauberen Wege, weißt du, also nein, das will ich nicht haben."

„Ja, aber wohin soll er denn, in die Küche?" Dorle überlegte. Damit war die Mutter erst recht nicht einverstanden.

„Was fällt dir ein!" sagte sie und war beinah ein wenig böse. „Nein. Du bist jetzt ein großes Mädchen, und auch Mohrle ist nicht mehr so klein, du kannst mit ihm bis zum Waldrand gehen, aber nie weiter, hörst du, Dorle! Nie in den Wald hineinlaufen!"

Dorle versprach es. Sie war stolz auf ihre neue Aufgabe, Mohrle spazieren zu führen.

„Mohrle, ausgehen, komm!“ lockte Dorle. Mohrle hörte seinen Namen, den er geschwind gelernt hatte, aber sonst verstand er noch nichts. „Ausgehen“, das bedeutete nichts für ihn. Wie bald sollte es sein allerschönstes Wort werden. Aber auch kleine Hunde müssen zuerst lernen. Einstweilen schaute er Dorle erwartungsvoll an.

„Komm!“ sagte sie noch einmal und nahm ihn auf den Arm. Draußen vor dem Gartentor setzte sie ihn auf den Boden. Mohrle wollte nicht mitgehen. Ängstlich ließ er sein Schwänzchen hängen und wimmerte leise. Dann versuchte er wieder in den Garten zu kommen, aber die Tür war geschlossen. Dorle trug ihn zuerst ein Stück und setzte ihn dann wieder auf den Boden. Was sollte er machen; in dieser weiten Welt erschienen ihm Dorles Füße als das einzig Bekannte. Und diese Füße bewegten sich vorwärts. Also trottete Mohrle dicht hinterher.

Schon waren die beiden bei einem Bauernhaus angelangt, und auf einmal gefiel es dem Mohrle. Da roch es überall so gut! Mohrle konnte seine Nase nicht mehr vom Erdboden heben: überall und immerzu mußte er schnuppern.

„Was hast du denn nur?" fragte Dorle neugierig. Aber er wedelte nur ein bißchen und gab weiter keine Auskunft. Da legte sich Dorle auch auf die Erde und führte ihr Näschen herum.

„Pfui!" sagte sie, „es riecht aber gar nicht gut." Mohrle fand es nett, daß seine Herrin so bei ihm auf der Erde lag. Vergnügt sprang er ihr auf den Rücken und bellte dazu.

Da geschah etwas.

Aus dem Bauernhof kam ein großer weißer Hund herausgesprungen. Er hatte Mohrle bellen hören und wollte nach dem Rechten sehen. Da stand er und betrachtete die beiden. Er wollte ihnen weiter nichts zuleide tun. Aber Mohrle, der winzigkleine Mohrle, bekam einen furchtbaren Schrecken. Große Hunde hatte er noch keine zu Gesicht bekommen. Er drückte sich an die Hausmauer und schrie, daß es weithin zu hören war. Und da Dorle sich in diesem Augenblick nicht zu helfen wußte, so schrie sie zur Gesellschaft mit. Es war ein furchtbarer Lärm. Der weiße Hund stand nur da und schaute. Er wunderte sich sehr über die beiden Schreier.

Zum Glück kam die Bauersfrau, durch das Geschrei herbeigerufen. „Aber Flocki, was machst du denn?" fragte sie. „Gar nichts macht er", erklärte Dorle schluchzend, „aber mein Mohrle hat soviel Angst!“ Da nahm die Frau den kleinen Mohrle auf den Arm, und gleich war er still.

„Jetzt kommt einmal mit mir herein“. sagte sie, „für den Schrecken müßt ihr etwas bekommen.“

Als Hund und Kind nach einem Weilchen kamen, hielt Dorle ein dickgestrichenes Butterbrot in der Hand. Und Mohrle schleckte sich auch immer noch die kleine Schnauze in Erinnerung an die guten Dinge, die er bekommen hatte. Die Bauersfrau und Flocki schauten ihnen nach.

„Das sind zwei Schreier, gelt, Flocki!" sagte die Frau und ging wieder an ihre Arbeit.

Besuch bei Mama Purzel

Purzel, Mohrles Mama, lebte schon lange nicht mehr bei Benders. Diese hatten sie an fremde Leute im Dorf verkauft. Dorle konnte das nicht verstehen. „Nicht wahr, Mutti", sagte sie, „unseren Mohrle würden wir nicht für hunderttausend Mark hergeben."

Eines Tages nun fiel es Dorle ein, man könnte Purzel einmal besuchen. Sie wohnte jetzt am anderen Ende des Dorfes. Der Mutter hatte Dorle nichts von ihrem Plan gesagt, denn die war nicht so sehr für Besuche bei völlig fremden Leuten. Aber Dorle dachte sich, der Mohrle müßte ganz gewiß manchmal Heimweh haben nach seiner Mutti.

„Freust du dich?“ fragte sie ihn, der willig mit ihr lief. Er wedelte zustimmend mit dem Stummelchen, denn anders konnte Mohrle ja nicht reden. Er fand es recht vergnüglich im Dorf. Vor anderen Hunden hatte er längst keine Angst mehr, nein, er begrüßte sie freudig und glaubte, alle müßten ihn genau so gern haben wie er sie.

Endlich waren die beiden an ihrem Ziel angelangt.

„Siehst du, hier wohnt deine Mama“, erklärte Dorle und drückte kräftig auf den Klingelknopf an der Haustür. Drinnen ertönte lautes Hundegebell, und Mohrle wurde ganz aufgeregt. Beide, Hund und Kind, betrachteten die Haustür, die ja nun gleich aufgehen mußte. Statt dessen aber ertönte eine Stimme aus dem Fenster neben der der Tür:

„Was willst du denn?“

„Guten Tag, ich möchte bitte Purzel besuchen“, sagte Dorle höflich. Das schien aber dem Mann, der da heraussah, nicht zu gefallen.

„Ach was, Dummheiten!“ brummte er und wollte das Fenster wieder schließen.

„Bitte, bitte!“ schrie jetzt Dorle ganz laut, „ach bitte, Mohrle hat doch Heimweh!“ Jetzt mußte der Mann ein wenig lachen.

„Der Mohrle? Wer ist das?“

„Das ist mein Hund, und Purzel ist seine Mama.“

„Ja, das sieht man freilich an der Ähnlichkeit“, bestätigte der Mann. „Na warte mal, ich bring dir Purzel heraus.“ Oh, wie gespannt wartete Dorle: was mußte das jetzt gleich für ein freudiges Wiedersehen geben!

„Mohrle, komm hierher! Mohrle!" sagte sie aufgeregt, „gleich kommt deine Mutti!"

Die Haustür ging auf, und heraus stürzte Purzel. Freudig sprang sie an Dohrle in die Höhe. Mohrle aber, der ein bißchen im Vorgarten herumgeschnuppert hatte, wollte auch dabei sein. Und Purzel? Oh, das war schrechlich! Knurrend und mit gesträubten Haaren blieb sie plötzlich stehen. Mohrle ließ sich davon nicht warnen: er meinte es herzlich gut, wenn er auch nicht mehr wußte, daß das seine Mutti war. Er ging noch ein wenig näher an sie heran und wedelte aufgeregt mit dem Stummelschwänzchen. Da fuhr Purzel auf ihn los. Mit einem Satz hatte sie ihn unter sich und biß ihn ins Ohr. Wieder einmal mußte Mohrle schreien, und wieder brüllte Dorle zur Gesellschaft mit. Der Mann bereute es bitter, die Tür aufgemacht zu haben. Er packte Purzel und gab ihr einen kräftigen Klaps. Dann sperrte er sie ins Haus hinein.

„Ja, siehst du", sagte er zur erzürnten Dorle, „so ist das eben: Hundemütter, die wollen von ihren Kindern schon bald nichts mehr wissen. Sei nur froh, daß du eine liebe Mutti hast."

Mitleidig nahm Dorle ihren kleinen Hund auf den Arm und streichelte sein gebissenes Öhrlein. So eine wüste Purzel! Dorle wollte sie kein bißchen mehr liebhaben.

„Sei nur ruhig!" sagte sie tröstend zu Mohrle, der noch ganz verdutzt auf ihrem Arm saß, „sei nur ruhig: ich geb' dir von meiner Mutti ein bißchen ab, dann hast du auch wieder eine."

Mohrle weiß sich zu helfen

Der Vater und Dorle gingen spazieren, und Mohrle durfte mitlaufen. Die Mutter hatte gewarnt: „Geht nicht fort, es kommt ein tüchtiger Platzregen."

Aber die beiden wollten nun einmal hinaus. Es geschah so selten, daß der Vater für Dorle Zeit hatte. Und Mohrle, nun, der war jederzeit für Spazierengehen.

Sie wanderten zum Dorf hinaus. Vater und Dorle hatten sich viel zu erzählen. Mohrle unterhielt sich allein. Er blieb zurück oder rannte mal ein Stückchen vor, ganz wie es ihm Spaß machte. Er hatte immer viel zu tun, viel zu beschnuppern.

Jetzt kamen die drei an einen langen, schmalen Weiher. Der Vater und Dorle bogen von der Straße ab, denn drüben auf der anderen Seite des Wassers lief ein Weg recht lieblich zwischen Bäumen hin, immer am Ufer entlang. Hier gab es nun so viel zu sehen und zu erklären, daß Vater und Dorle ihren kleinen Hund eine Weile vergaßen. Nicht lange: Dorle hielt schon bald Ausschau nach dem kleinen Freund. Aber er war verschwunden.

Der Vater pfiff, Dorle rief und lockte: kein Mohrle kam. Dazu prasselte jetzt auch noch der von der Mutter angekündigte Platzregen herunter. Vater und Tochter hatten im Eifer die drohenden Wolken nicht herankommen sehen. Dorle geriet in große Sorge, und auch der Vater wußte keinen Rat.

Wo war Mohrle?

Ja, der war auf der Straße weitergelaufen, immer seiner vorwitzigen Nase nach. Er hatte gar nicht gemerkt, daß die beiden abgebogen waren. Auf einmal hörte er sie pfeifen und rufen. Als braver Hund wollte er schnell folgen, aber zwischen ihm und Dorle lag ein großes Wasser. Mohrle war in großer Not, denn Wasser war ihm noch etwas Unbekanntes. Er rannte aufwärts und abwärts, nirgends war ein Weg zu finden. Was sollte er tun? Er war doch noch so klein.

Drüben, auf der anderen Seite des Weihers, ging das Rufen und Pfeifen weiter. Und der Regen prasselte. Ach, welche Angst litt Dorle um ihren Hund!

Da kam vom Wald her ein Junge gelaufen. Dem gefiel der Regen auch nicht, er wollte schnell nach Hause. Als er näher kam, erkannte Dorle den Willi aus der Nachbarschaft.

„Hast du meinen Mohrle nicht gesehen?“ fragte sie. Willi schüttelte den Kopf, aber dann rief er plötzlich: „Da schwimmt er ja!“

Und richtig: mitten auf dem Weiher sah man ein winzig kleines schwarzes Köpfchen über dem Wasser. Dorle schrie laut auf vor Entsetzen, aber Willi sagte ganz gelassen: „Och, der kann doch schwimmen.“

Und Mohrle konnte wirklich schwimmen, auch wenn er noch so klein war. Immer näher kam er dem Ufer. Man konnte schon genau sehen, wie seine Pfötchen strampelten. Aber das Ufer war zu steil. Mitten im Regen mußte sich der Vater ins nasse Ufergras legen und Mohrle herausziehen.

Alle waren froh, als Mohrle dastand und sich schüttelte, und es machte gar nichts, daß Dorle bald genau so naß war wie ihr kleiner Freund. Mohrle mußte immer wieder an ihr hochspringen, sie mußte ihn an sich drücken, dann schüttelte er sich wieder, und schließlich kam eine recht durchweichte Gesellschaft zur Mutter zurück.

Geschadet hat das Erlebnis aber keinem, und alle blieben gesund.

Etwas fliegt in den Garten

Wenn ihr meint, es wäre ein Vogel gewesen, der in den Garten flog, so täuscht ihr euch. Es geschah so: Mohrle saß gerade neben dem Puppenwagen und hütete den Schlaf von Dorles Puppenkindern, während die Puppenmama aus Sand den Morgenbrei anrührte. Auf einmal stand ein großer Junge am Zaun und stieß einen gellenden Pfiff aus.

„Da habt ihr was!“ rief er und warf ein kleines weißes Bündel in den Garten hinein. Dann ging er lachend weiter. Dorle hatte zuviel Arbeit, sie konnte nicht auf einen Jungen achten, der so häßlich durch die Zähne pfiff. Ein Glück, daß er wenigstens ihre Kinder nicht geweckt hatte. Mohrle aber hatte etwas fliegen gesehen. Er vergaß sein gutes Benehmen und sprang mitten in ein Karottenbeet, das sonst für ihn streng verboten war. Da hinein hatte der Junge das Bündel geworfen. Mohrle fand es auch gleich und nahm es vorsichtig zwischen die Zähne. Auf dem Weg legte er es zuerst vor sich hin und betrachtete es. Dann nahm er es wieder ins Maul und schleuderte es ein wenig in die Höhe. Das Spiel gefiel ihm, aber zum Glück wurde nun Dorle aufmerksam.

„Was hast du denn?“ fragte sie und kam heran. Mohrle wedelte zur Antwort mit dem Stummelchen und wollte sein Spiel gerade wiederholen, als Dorle einen Schrei ausstieß: „Aber Mohrle, das ist doch ein Kätzchen!“ rief sie und nahm ihm das Tierchen weg.

Ein kleines, noch blindes Kätzchen war da über den Zaun in den Garten geflogen. So ein armes Geschöpf!

„Pfui, Mohrle, pfui!“ schalt Dorle und lief in großer Aufregung zur Mutter ins Haus. Die betrachtete sich das winzige Tierchen in Dorles Hand und machte ein nachdenkliches Gesicht. Aufgebracht erzählte Dorle die schreckliche Geschichte. Ihre Stimme wackelte ein bißchen, und die Tränen waren ihr sehr nahe. Was sollte die Mutter tun, wenn Dorle sie so flehend anschaute? Was sollte man mit dem Tierchen machen, das so blind und hilflos dalag?

„So behalt es eben!“ sagte die Mutter. Und während Dorle laut aufjauchzte, wußte die Mutter genau, daß das Katzenkind eine Menge Arbeit für sie bringen würde.

Nun füllte man Dorles Puppensaugfläschchen mit Milch. Die Mutter nahm das Kätzchen auf den Schoß und steckte den Sauger in das winzige Mäulchen. Das kleine Geschöpf war gar nicht zufrieden damit. Es strampelte und krallte. Aber auf einmal spürte es die warme Milch auf der Zunge. Ja, das war gut! Jetzt lag das Kätzchen ganz still und saugte und schmatzte vergnügt. Dorle nahm Mohrle auf den Arm, und beide beobachteten, wie Mutter das Katzenkind fütterte. Mohrle hätte gern die gute Milch selber gehabt, deshalb schaute er so angestrengt zu. Er bekam aber nichts, alles war für das Miezchen.

Mohrles Schüsselchen

Die kleine Katze wurde noch immer mit dem Saugfläschchen von Dorles Puppen gefüttert. Es schmeckte ihr gut. Und wenn sie auch nie auf die Uhr sah, so wußte sie doch genau, wann es Zeit war für ihr Fläschchen Milch. Denn das war ja bis jetzt ihre einzige Nahrung. Sie wimmerte dann beharrlich, und in den letzten Tagen war aus diesem Wimmern schon ein deutliches hohes „Miau" geworden. Die Katze hieß jetzt „Marbuz". Und wenn man sagte: „Marbuz, das Fläschchen!", dann konnte sie nicht schnell genug auf den Rand ihres Körbchens krabbeln. Von dort ließ sie sich einfach hinunterplumpsen und kam auf ihren schwachen Beinchen angetapst. Mit jedem Tag wurden diese Beinchen ein wenig kräftiger, die Marbuz konnte jetzt schon richtig laufen, wenn sie auch noch bedenklich hin und her wackelte.

Dorle saß auf einem Schemelchen und strickte. Sie hatte es gerade von der Mutter gelernt, und sie hatte einen schönen roten Streifen angefangen zu strikken. Der sollte ein Rock für die Puppe Annele werden, und Dorle wollte ihn bald fertig haben. Sie strickte und strickte, sie sah und hörte nichts. Schon längst hatte Marbuz begonnen, nach ihrem Fläschchen zu jammern. Mohrle saß da und spitzte die Ohren, denn auch er wußte genau, daß es Zeit für das Fläschchen war. Die Mutter war einkaufen gegangen. In der Küche war alles still, nur Marbuz maunzte und die Uhr tickte. Dorle strickte: eine Masche, zwei Maschen, drei Maschen, viele Maschen. Sie hatte vor Eifer einen ganz roten Kopf bekommen.

Auf einmal knurrte Mohrle ganz leise. Es klang nicht böse, es klang nur so, als wollte er sagen: „Oh, oh, was ist das?" Jetzt schaute Dorle auf. Und da sah auch sie, was Mohrle zum Knurren gebracht hatte: Marbuz stand vor Mohrles Schüsselchen und hatte eben ihr Mäulchen hineingetunkt. Mohrle hob sich oft einen Rest seines Futters noch für abends auf, und es war genug im Schüsselchen, so daß Marbuz auch noch die Nase ins Futter stecken konnte. Marbuz wußte ja noch nicht, wie man richtig schleckt. Sie mußte furchtbar niesen und sich mit beiden Vorderpfoten die Nase putzen. Es dauerte ein Weilchen, und Dorle und Mohrle warteten gespannt, was nun werden sollte. Das, was Marbuz probiert hatte, mußte aber gut gewesen sein. Als sie mit Putzen fertig war, ging sie schnurstracks wieder zum Schüsselchen, und es wurde die gleiche Geschichte wie vorher: die Nase bekam den Hauptanteil, Marbuz mußte niesen und putzen. Nun, kleine Tiere lernen rasch. Beim dritten Mal ging es schon besser. Marbuz schleckte eifrig mit ihrer kleinen rosa Zunge im Schüsselchen herum. Mohrle bekam Angst um sein gutes Futter. Zwar hatte er im Augenblick keinen besonderen Appetit. Er vertrieb die Miez auch nicht, nein, so unfreundlich war Mohrle nicht. Aber er kam von der anderen Seite ans Schüsselchen und fing an zu fressen.

So futterten der kleine schwarze Hund und die winzigkleine weiße Katze einträchtig aus einer Schüssel. Es sah drollig aus.

Die Mutter brauchte für Marbuz kein eigenes Futterschüsselchen zu kaufen. Mohrle und Marbuz fraßen nun immer friedlich zusammen. Bald konnte das Fläschchen an die Puppe Annele zurückgegeben werden. Marbuz schleckte sich ihr Teil aus dem gemeinsamen Napf. Mohrle wurde sogar höflich: er ließ der Miez den Vortritt zum Schüsselchen, und erst wenn sie angefangen hatte, zierlich zu schlecken, dann kam auch er herbei und holte sich sein Teil. So gut vertrugen sich die beiden. Und wenn zwei Geschwister recht lieb miteinander sind, dann sollte man sagen:

„Die vertragen sich wie Hund und Katze" oder „wie Mohrle und Marbuz".

Der erste Schultag

Endlich war es soweit: Dorle stand mit dem Schulranzen auf dem Rücken vor der Mutter. Die Mutter prüfte, ob auch wirklich alles in Ordnung war. Dann ließ sie ihr kleines Mädchen gehen und schaute ihm ein wenig wehmütig nach; so ein erster Schultag ist wirklich ein großer Schritt ins Leben hinein.

Dorle verließ das Haus, und Mohrle wollte natürlich mitgehen, er war das ja nicht anders gewohnt.

„Nein", erklärte ihm seine kleine Herrin, „in die Schule kannst du nicht mitgehen." Das wollte er nicht glauben. Erst als Dorle ihm das Gartentor vor der Nase zuschlug, sah er ein, daß sie es Ernst gemeint hatte. Aber er gab sich damit nicht zufrieden.

Vor der Schule standen alle Erstkläßler. Sie betrachteten sich gegenseitig, und manche wagten kaum den Mund aufzumachen. Um sie herum tobten die „Großen" aus der zweiten Klasse. Sie sangen:

„Wickelbobbelböbbelche
trink dei Schöppelche!"

Aber die Kleinen ließen sich dadurch nicht entmutigen. Sie wußten: das gehört zum Schulanfang. Und nun kam auch der Herr Lehrer und holte sie in das Klassenzimmer. Ein kleiner Bub lief schnell wieder zur Tür. Als der Herr Lehrer ihn fragte, wo er denn hinwollte, da weinte er laut und schrie: „Zur Mama will ich. Hier gefällt's mir nicht!" Aber der Herr Lehrer nahm ihn freundlich bei der Hand und führte ihn an seinen Platz zurück.

„Weißt du was", sagte er, „du kannst bald wieder zu deiner Mama gehen. Aber erst wollen wir uns ein bißchen unterhalten. Die Dampfnudeln daheim sind ja doch noch nicht fertig. Und nachher erzähle ich euch eine schöne Geschichte."

„Erzählst du was von der alten Hexe?" fragte Willi Bender, der auch unter den ABC-Schützen war, ganz keck.

„Nein", erwiderte der Herr Lehrer,

„von alten Hexen wollen wir heute nichts wissen. Ich erzähle euch eine Geschichte von einem braven Hund." Wie horchte da Dorle auf. Sie mußte gleich an Mohrle denken, der nun ganz verlassen zu Hause saß. Der Herr Lehrer kam aber nicht gleich zum Erzählen, denn eben kratzte es draußen an der Tür.

„Was gibt es denn?" fragte der Herr Lehrer ein bißchen ungeduldig. „Herein!" Er glaubte, irgendein kleiner Bursche hätte sich verspätet. Aber niemand kam herein. Es kratzte nur immerfort tüchtig weiter. Da ging der Herr Lehrer zur Tür und machte sie auf. Und wer stürzte herein? Mohrle! Er war der Mutter entwischt und hatte Dorle gesucht.

Nur war er hier, lief durch das Klassenzimmer, immer die Nase am Boden, und schon hatte er Dorle gefunden. Er war ganz wild vor Freude. Immer wieder hüpfte er an ihr in die Höhe und bellte laut dazu. Alle Kinder lachten und schrien durcheinander, und Dorle schämte sich schrecklich über ihren Hund.

Endlich hatte der Herr Lehrer wieder Ruhe geschaffen. Dorle durfte den Mohrle auf den Schoß nehmen, da blieb er brav sitzen und war zufrieden, denn nun war er ja bei seiner Dorle.

„Seht ihr", fing der Herr Lehrer an, „da wollte ich euch eine Geschichte von einem braven Hund erzählen — und schon haben wir einen hier im Klassenzimmer."

„Aber der ist doch nicht brav!" rief einer.

„Doch, der ist brav und gescheit dazu", gab der Lehrer zurück. „Wenn ein

Hund so treu nach seiner kleinen Herrin sucht und sie zwischen so vielen Menschen findet, dann ist das ein tüchtiger Hund. Aber", sagte er zu Dorle, „du mußt ihn nun aber so erziehen, daß er nicht mehr in die Schule kommt, verstanden?"

In eben diesem Augenblick klopfte es an die Tür, und als der Herr Lehrer „Herein!" sagte, erschien Dorles Mutter.

Sie hatte Böses geahnt, als Mohrle so plötzlich verschwunden war. Und richtig, da sprang er schon von Dorles Schoß herunter und begrüßte sie, als ob alles in schönster Ordung wäre. Die Mutter entschuldigte sich sehr beim Herrn Lehrer und nahm den kleinen Strolch mit nach Hause.

„Der kommt nicht mehr in die Schule, dafür werde ich sorgen", sagte sie beim Fortgehen.

Und jetzt konnte der Herr Lehrer anfangen, seine Geschichte zu erzählen.

Die Krähen

Draußen strich der Novemberwind über die kahlen Äcker. Die Kinder drückten die Nasen an den Fensterscheiben platt und dachten, das wäre gar kein schönes Wetter. Und die alten Leute dachten dasselbe. Sie steckten die Öfen an und setzten sich davor.

„Bald ist's Winter", sagten sie.

Dorle blieb auch gern in der warmen Küche. Sie saß am Herd und strickte. Und sie dachte sich, was sie da strickte, das könnte für den Vater zu Weihnachten einen neuen Waschlappen geben. Als ihr das einfiel, strickte sie noch einmal so eifrig. Eigentlich war es doch gar nicht so schlimm, daß draußen der

Novemberwind blies. Nach dem November kam ja immer der Dezember und der brachte das Christkind. Dorle hüpfte ein wenig auf ihrem Stuhl, und die Nadeln klapperten.

Da saß Mohrle vor ihr. Er schaute sie fest an, und sein Stummelschwänzchen ging hin und her.

„Willst du spazierengehen?"

„Wau-wau-wau!" Dorle schaute zum Fenster hinaus. Dürre Blätter flogen vorbei, und man konnte sich denken, daß dahinter der Novemberwind aus vollen Backen blies.

„Es ist stürmisch draußen", gab Dorle dem Hund zu bedenken.

„Wau-wau-wau!" sagte er.

Nun, Dorle hatte eine warme Jacke, die zog sie an. Und dem Mohrle hatte die gute Mutter Natur das Fellchen zu einem dicken Pelz wachsen lassen. So waren beide gut versorgt.

Sie mußten draußen tüchtig stapfen, denn der Wind wollte sie einfach fortblasen. Aber das war gerade lustig. Dorle rannte, und Mohrle rannte mit. Schon waren sie zum Dorf hinaus. Dorle wollte ein schönes farbiges Blatt fangen, aber immer, wenn sie meinte, jetzt könnte sie es aufheben, da machte etwas „Ssst!" — und weg war das Blatt, weit vorne flog es weiter.

Mohrle wollte auch etwas fangen. Es saß mitten in einem braunen Acker und war so schwarz wie er selber. Mit großen Sätzen sprang Mohrle über den Acker hin. Gleich würde er das schwarze Ding erwischen. Hei, wie Mohrle laufen konnte, niemand war so flink wie er.

Da! Das schwarze Ding hob sich ganz

einfach vom Boden weg und flog davon. Ärgerlich und erstaunt schaute Mohrle ihm nach. Aber dort, dort saß noch eines, das sollte ihm nun gewiß nicht entgehen. Flink! Nichts zu machen, auch das zweite Ding hob sich in die Luft, unerreichbar für Mohrle.

„Das sind doch Krähen, Mohrle, die fängst du nie!" rief Dorle. Aber ein Mohrle auf Jagd hört einfach nicht. Also lief auch Dorle über die Äcker und ging auf Krähenjagd. Es war lustig. Die Krähen nahmen weder Dorle noch Mohrle ernst und setzten sich immer wieder hin. Sie hatten auf den Äckern manches zu suchen, vielleicht liefen dort Mäuslein für sie herum. Mohrle konnte nicht genug von der feinen Jagd bekommen.

Das ging so lange, bis Dorle mit einem großen Satz — platsch! — in einer Pfütze saß, die vom letzten Regen noch übrig war. Jetzt mochte sie nicht mehr jagen. Zum Glück sah auch Mohrle ein, daß alle Mühe vergeblich sein mußte, er hatte ja keine Flügel.

Naß und schmutzig kamen die beiden heim, und die Mutter hatte genug zu tun, bis sie Dorle und Mohrle wieder sauber hatte. Aber sie freute sich, daß Dorle so feuerrote Backen mitgebracht hatte, und sie schimpfte kein bißchen.

Mohrle lag unterm Herd, um wieder trocken zu werden. Er schlief und träumte. Seine Pfötchen bewegten sich, als ob er ganz schnell etwas jagen müßte, dazu jammerte er herzzerreißend. Wahrscheinlich flogen ihm auch im Traum alle Krähen davon.

Mohrle im Schnee

Mohrle hatte eine Wurst zu Weihnachten bekommen, Dorle einen Schlitten. Aber am ersten Feiertag war draußen immer noch kein Schnee zu entdecken. Dorle preßte die Nase an die Fensterscheibe, um genau zu sehen, ob es wirklich nirgends weiß geworden wäre. Alles Suchen war vergebens, nur die Fensterscheibe wurde schmutzig, und das freute die Mutter nicht. Fast wäre Dorle traurig geworden: einen Schlitten ohne Schnee, was ist das schon! Der Christbaum glänzte so herrlich, und darunter thronte die Puppe Annele im neuen Kleid. Auch ein schöner Malkasten stand da und ein Bilderbuch von der Großmutter; genug Dinge, um am lieben Weihnachtstag nicht traurig zu werden. Und am Abend kam der Vater von draußen herein und sagte:

„Es riecht nach Schnee!" Dorle sprang hochauf vor Freude. Und Mohrle sprang mit, aber nicht aus Freude über die Botschaft, sondern weil Dorle sprang. Als Dorle am nächsten Morgen zum Fenster hinausschaute, da war alles weiß geworden. Jeder Baum hatte einen Schneemantel angezogen, jeder Pfosten im Garten ein weißes Mützchen aufgesetzt.

Dorle band einen Strick an ihren Schlitten. Sie wurde gut eingemummelt, die Schlittenfahrt konnte beginnen. Mohrle sprang vergnügt zur Haustür hinaus. Dann aber blieb er starr stehen und betrachtete sich die Überraschung erst einmal. Mohrle hatte in seinem Leben noch keinen Schnee gesehen. Aber es mußte ihm gut gefallen, was er da sah; er machte einen großen Satz und war schon in der weißen Masse verschwunden. Dann schlug er Purzelbäume und überkugelte sich. Mohrle fand, Schnee wäre etwas Herrliches. Dorle fand das auch. Sie zog ihren Schlitten zum Waldrand hinauf, wo schon viele Kinder versammelt waren. Alle wollten von da oben ins Dort hinunterfahren, darum sollte eine genaue Reihenfolge für die Abfahrt bestimmt werden. Die Beratung ging nicht ohne großes Geschrei ab. Erstens wollte jeder zuallererst abfahren, zweitens wollte keiner der letzte sein, und die Großen drängelten sich immer vor.

Dorle blieb in einiger Entfernung von der wilden Horde stehen und betrachtete sich die Sache. Mohrle vergnügte sich auf seine Art weiter im Schnee. Es dauerte wahrhaftig lang, bis die große Beratung zu Ende war. Dorle nahm einfach ihren Schlitten, setzte sicht darauf und fuhr ab, ganz allein auf der schönen weißen Bahn den Berg hinunter.

Oben verstummte plötzlich alles Geschrei. Die Kinder schauten erstaunt der davonfahrenden Dorle nach. Jedes Kind dachte, so hätte es längst fahren sollen. Und wer am schnellsten denken konnte, saß auch schon auf seinem Schlitten und fuhr Dorle hinterher. Dann kam noch einer und wieder einer, alle sausten den Berg hinunter und freuten sich. Und wer schnell wieder oben war, der konnte auch schnell wieder abfahren.

Mohrle hatte vor lauter Schnee-Purzelbäumen Dorle ganz vergessen. Aber da fiel sie ihm wieder ein: wo war sie nur? Eben stieg sie wieder auf den Schlitten und sauste davon. Mohrle jagte hinterher. Das wollten die anderen Kinder nicht haben. Wieder gab es ein großes Geschrei, alle verlangten, Mohrle müßte von der Schlittenbahn weg bleiben, da hätte er nichts verloren. Dorle sah das ein, aber was sollte sie tun? Mohrle verstand durchaus nicht, was er sollte, er fand es ungeheuer lustig, so hinter dem Schlitten herzurennen.

Dorle wollte das herrliche Schlittenfahren seinetwegen auch nicht aufgeben. Also setzte sie den kleinen Hund bei der nächsten Abfahrt vor sich auf den Schlitten und befahl ihm ernsthaft:

„Bleib sitzen!“ Das verstand Mohrle. Fort ging die sausende Fahrt bergab. Mohrle blieb tapfer sitzen, als wäre es gar nichts, wenn einem der Wind so um die Ohren wehte. Dorle war ja bei ihm. Sie konnte wieder einmal stolz sein auf ihren braven Hund.

Der Sommertag

Einmal, als Dorle aufwachte, läuteten alle Glocken: bim bam bum! Der Sommertag war gekommen. Alle Jahre kam er wieder, es war ein großes Fest. Die Mütter backten viele Kuchen, und die Kinder feierten. Sie feierten den Winter zum Dorf hinaus und den lieben Sommer herein.

Es war noch sehr früh, als Dorle aufwachte, aber sie konnte nicht mehr im Bett bleiben. Dort in der Zimmerecke stand ein langer Stab, wunderschön verziert mit bunten Papierschleifen und Bändern. An der Spitze steckte ein ausgeblasenes Ei und darüber saß noch eine Brezel. Jedes Kind im Dorf besaß solch einen Sommertagsstecken, alle sollten damit am Nachmittag in einem langen Zug durchs Dorf ziehen. Wer ein Leiterwägelchen hatte, schmückte es für den Festzug mit Tannenzweigen und Frühlingsblumen. Die großen Leute kamen dann und betrachteten sich den Festzug der Kinder, und die Besitzer der allerschönsten Wägelchen bekamen sogar noch einen Preis.

In diesem Jahr hatte die Mutter für ihr Dorle das Leiterwägelchen schön verziert. Dorle schlich sich mit ihrem bunten Stecken leise, leise aus dem Haus zu ihrem Wagen, der im Garten stand. Wie prächtig er aussah! Andächtig betrachtete ihn Dorle.

„Oh!" ertönte eine Stimme vom Gartentor her. Da stand mit seinem Sommertagsstecken der Willi und machte die allergrößten Augen. Er hatte den Wagen entdeckt. „Oh!" wiederholte er, „du hast einen Wagen. Ich habe keinen."

Dorle hatte Mitleid mit Willi: er hatte keinen Wagen! „Weißt du was", tröstete sie ihn, „du hilfst mir meinen zu ziehen. Es ist überhaupt lustiger, wenn man zu zweit zieht."

„Und wenn wir einen Preis bekommen?" erkundigte sich Willi.

„Es ist aber mein Wagen", sagte Dorle.

„Aber ich ziehe doch mit", beharrte Willi, „es gibt Schokolade zu gewinnen."

Dorle wurde nachdenklich: Schokolade! Es war ein wenig schwer für Dorle, da eine Antwort zu geben. Schokolade war das Köstlichste, was es gab. Aber Dorle hatte ein gutes, freigebiges Herz.

„Ja", sagte sie, „du kriegst ein Stück davon. Aber", setzte sie eilig hinzu,

„nicht so ein großes!“ Willi war's zufrieden. Von ihm aus konnte der Festzug jetzt gleich anfangen.

Aber erst Punkt zwei Uhr mittags zog die Musik mit Pauken und Trompeten zum Dorfende, wo die vielen Kinder schon lange warteten. Es sah aus, als stände da ein ganzer Wald von Sommertagsstecken, und die Bänder wehten, wie vom Winde bewegt, lustig durcheinander, weil keines der Kinder auch nur einen Augenblick ruhig stand. Die Besitzer der geschmückten Wagen musterten einander mit eifersüchtigen Blikken. Auf einmal schrien alle Kinder noch lauter als vorher: „Sie kommen! Sie kommen!“ Und zwei riesengroße Gestalten wankten heran, die eine aus grünen Tannenzweigen, die andere aus Stroh, beide bunt geschmückt. Sie stellten den Sommer und den Winter dar.

Dorle und Willi standen vergnügt

inmitten der Kinder. Und wer saß in dem schönen Wägelchen? Ja wer? Mohrle und das Kätzchen Marbuz. Beide waren es gewohnt, von Dorle im Wagen spazieren gefahren zu werden. Da saßen sie artig wie ein Brautpaar in der geschmückten Kutsche. Ganz ernsthaft betrachteten sie sich alles ringsumher und ließen sich durch die vielen Menschen nicht einschüchtern.

Als der Herr Lehrer, der die Preise zu verteilen hatte, durch die Reihen ging, um sich alles genau anzuschauen, da blickten ihn Mohrle und Marbuz recht verständig an, als wollten sie sagen: uns schreibst du aber auch in dein Notizbuch!

Die Musik fing an, ein Sommerlied zu spielen. Der Zug setzte sich in Bewegung, alle Kinder sangen:

„Strih, strah, stroh,
der Sommertag is do.
Der Sommer und der Winter,
das sind Geschwisterkinder.
Sommertag stabaus,
blas dem Winter die Augen aus.
Strih, strah, stroh,
der Sommertag is do!“

Sie sangen noch viele Verse dazu. Und auch Dorle und Willi sangen laut mit. Aus allen Fenstern schauten die Leute und lachten und waren froh: der Winter war zu Ende und der liebe Sommer wollte wieder kommen. Am anderen Ende des Dorfes standen auch viele Leute, denn hier sollte das Allerschönste am Festzug vor sich gehen — die Preisverteilung.

In einem Korb lagen viele Tafeln Schokolade. Erwartungsvoll standen die Kinder und lauerten, als nun die Preisträger nacheinander aufgerufen wurden. Viele, viele Namen rief der Herr Lehrer auf. Erst als Dorle und Willi schon alle Hoffnung aufgegeben hatten, da hieß es auf einmal: „Wo ist denn der Wagen mit dem Hund und der Katze?"

„Da! Da!" rief es von allen Seiten.

Dorle mußte mit ihrem Wagen vorfahren, natürlich ging Willi auch mit. Nein, Mohrle und Marbuz waren nicht vergessen worden, sie standen ja im Notizbuch. Eine wundervoll eingepackte große Tafel Schokolade bekam Dorle überreicht.

„Siehst du, Mohrle ist schuld daran, daß ich einen Preis bekommen habe, und die Marbuz auch", erzählte Dorle später glückstrahlend, als sie der Mutter ihren Schatz zeigte. Dann erhielt Willi ein großes Stück Schokolade, und er aß es gleich auf. Es schmeckte gut, und Dorle sagte ein bißchen seufzend:

„Ach Mutti, wenn nur alle Sonntage Sommertag wäre!"

Die rote Haarschleife

Im Schaufenster von Frau Kleinleins Krämerladen war rotes Seidenband ausgestellt. Dorle hielt ihren Mohrle in die Höhe, auch er sollte es bewundern.

Sie selbst trug ein rotes Kleid, und sie dachte, es müßte doch wunderschön sein, wenn Mohrle zu seinem schwarzen Pelz solch eine rote Schleife am Halsband hätte. Fein herausgeputzt könnten sie dann miteinander durchs Dorf spazieren. Dorle und Mohrle. Dorle überlegte, und dann — ging sie in den Laden hinein. Die Türglocke klingelte tüchtig, und Dorles Herz klopfte vor Aufregung. Aber sie stellte sich tapfer vor den Ladentisch.

„Ich möchte, bitte, ein Stück von dem roten Seidenband“, sagte sie.

„Wieviel willst du denn haben?“ fragte Frau Kleinlein, die Dorle kannte. Dorle wußte nicht, wieviel.

„Vielleicht zu einer Haarschleife?“

„Ja, für Mohrle.“

„Für deinen Hund da? Das schöne Band?“

„Ja, er soll es haben", beteuerte Dorle, „und die Mutti bezahlt es dann nachher gleich, ich habe jetzt kein Geld bei mir."

Daß Dorle von der Mutter sprach, beruhigte Frau Kleinlein. Es wird wohl zu einem Fest sein, dachte sie und schnitt ein Stück von dem feinen Band ab. Als sie es in eine Papiertüte stecken wollte, sagte Dorle:

„Nein, er soll es gleich anziehen."

Sie stellte den kleinen Hund auf den Ladentisch, was Frau Kleinlein nicht so sehr gefiel, und versuchte, ihm das Band umzubinden. Damit es schneller ging, half Frau Kleinlein dabei, und bald prangte die herrliche Schleife an Mohrles Halsband.

Dorle und Mohrle gingen bis zum Ende des Dorfes, dann machten sie kehrt und spazierten auch noch zum anderen Ende. Und viele Leute bewunderten Mohrle. Dorle war sehr stolz. Dann gingen sie nach Hause, Mutter mußte ja das schöne Band noch bezahlen.

Die Mutter kniete im Garten und jätete Unkraut. Mohrle sprang freudig auf sie zu. So konnte sie ihn gleich in seiner Schönheit bewundern.

„Oh, wie fein!" sagte sie, „wo hast du denn das schöne Band her, Dorle?"

„Ja gelt, es ist fein. Aber du mußt es Frau Kleinlein dann auch gleich bezahlen", erklärte Dorle.

„Ich soll das Frau Kleinlein bezahlen?" fragte die Mutter erstaunt. Da wurde Dorle doch etwas kleinlaut.

„Ich hatte doch kein Geld", gab sie zu bedenken.

„Wenn man kein Geld hat, dann kauft man auch nichts", erklärte die Mutter kurz, „ich habe für so etwas auch kein Geld."

Da stand Dorle. Jetzt war alles schlimm geworden. Die Mutter arbeitete weiter und machte kein zufriedenes Gesicht. Dazu fiel es Mohrle jetzt auch noch ein, sich auf der Erde herumzuwälzen. Als er damit fertig war, sah das rote Band nicht mehr schön aus. Schließlich sagte die Mutter:

„Ja, da ist nun nichts zu machen, Frau Kleinlein muß ihr Geld bekommen. Du wirst es eben aus deiner Sparbüchse nehmen. Die hübsche Tasse kannst du der Großmutter zum Geburtstag freilich nicht mehr kaufen."

Das war eine harte Sache. Für die Tasse zu Großmutters Geburtstag hatte Dorle schon lange gespart. Traurig trug sie alle ihre blanken Münzen zu Frau Kleinlein und bezahlte ihre Schuld.

Das rote Band zog die Mutter dem kleinen Mohrle aus, wusch es und bügelte es wieder glatt und legte es in die Schublade. Dorle mochte es lange Zeit nicht mehr ansehen.

Das Würstchen

Mohrle hatte schon allerlei Kunststücke gelernt. Solch ein kluger Hund lernt leicht, man muß nur die nötige Liebe und Geduld mit ihm haben und auch manchmal ein gutes Bröckchen als Belohnung. Das alles hatte Dorles Vater. Mit leiser Stimme sagte er dem Mohrle, was er tun sollte, und zeigte es ihm immer wieder und wieder. Dorle stand dabei und verhielt sich still, um Lehrer und Schüler nicht zu stören. Es war lustig, zuzuschauen. Und bald war Mohrle ein ganz gelehrter Hund geworden. Er konnte ein Stöckchen holen, konnte etwas Verlorenes suchen, konnte über den Stock springen und auch ein wunderschönes Männchen machen. Dabei bekam er dann das gute

Bröckchen auf die Nase gelegt und mußte still halten, ganz still. Und erst wenn der Vater sagte:

„Nimm's" — warf er es in die Höhe und fing es auf, dann schmeckte es ihm besonders gut. Für Dorle machte Mohrle seine Kunststücke natürlich auch. Sie hatte dem Willi gezeigt, wie brav Mohrle als Männchen dasaß und sein Stückchen Brot auf der Nase behielt, bis er die Erlaubnis bekam, es zu fressen. Willi wollte gern, daß Mohrle dieses Kunststück auch einmal für ihn ausführen sollte. Er schlich sich manchmal in den Garten, wenn Mohrle gemütlich in der Sonne lag, und rief den Hund zu sich. Mohrle kam auch freundlich herbei, er kannte den Willi und begrüßte ihn fröhlich. Der Junge warf dann ein Stöckchen und befahl:

„Hol's, Mohrle!" Mohrle wedelte freundlich mit dem Stummelchen und tat gar nichts. Dann forderte Willi: „Such, verloren!“ oder „Mach Männchen!“ Mohrle dachte nicht daran, irgend etwas zu tun.

Schließlich wurde dem Hund die Geschichte zu dumm, er ging wieder auf seinen Sonnenplatz, legte sich schlafen, Willi konnte sich nach Hause trollen.

Heute gab es bei Benders Linsensuppe mit Würstchen zu Mittag. Willi hatte eine Idee. Er aß nur ein halbes Würstchen. Als gerade niemand zu ihm hinschaute, steckte er geschwind die andere Hälfte in seine Hosentasche. Die Mutter hätte das nicht sehen dürfen. Willi wollte mit der halben Wurst dem Mohrle einen Streich spielen.

Als Willi kam, tollten Dorle, Mohrle und die Marbuz im Garten herum. Willi kam sich sehr wichtig vor, und es war ihm auch recht, daß er Zuschauer hatte.

„Heute hört Mohrle auch auf mich, das sollst du sehen“, sagte er zu Dorle, dabei zerrte er das halbe Würstchen aus seiner Hosentasche. „Aber du mußt nicht glauben, daß er die Wurst auch bekommt, die esse ich selber.“

Dorle lachte und schaute gespannt zu, was nun geschehen sollte. Sogar Marbuz schaute zu, denn für Wurst hatte sie auch etwas übrig.

„Komm, Mohrle, komm!“ befahl Willi und hielt die Wurst verlockend hin. Mohrle kam.

„Sitz!“ hieß es nun. Mohrle tat's, die Wurst interessierte ihn.

„Mach Männchen!“ Auch das geschah, und Willi wurde schon sehr stolz. „Schön warten!“ sagte er nun und legte die Wurst auf Mohrles Nase. Der aber fand, er habe Willi genügend gehorcht, machte schnapp! — und weg war die Wurst!

„Der kann aber gar nichts!" sagte Willi beleidigt und ging fort. Es tat ihm sehr leid um seine Wurst. Dorle dachte, Mohrle hätte recht getan; er war ein kluger Hund, der genau gemerkt hatte, daß Willi ihn um seine Wurst betrügen wollte.

Es kommt jemand an

Die Großmutter lag in ihrem Bett und schlief. Alte Leute schlafen morgens gern ein Stündchen länger. Sie liegen in der Nacht oft wach und denken an das, was ihnen ein langes Leben gebracht hat. Aber nun hatte es draußen geläutet, einmal und dann noch einmal.

„Ja", sagte die Großmutter, „ja doch, ich komme gleich." Schon läutete es ein drittes Mal recht ungeduldig. Das regte die arme Großmutter so auf, daß sie ihren linken Schuh nicht finden konnte. Draußen aber wartete Dorle, und Mohrle stand auch dabei. Die Mutter hatte beide schon in aller Morgenfrühe zur Großmutter geschickt. Die beiden wußten auch nicht warum. Die Mutter hatte gesagt:

„Geh jetzt schnell zur Oma und nimm den Hund mit! Oma erklärt dir dann schon alles. Weißt du, es kommt heute jemand an, der für immer bei uns bleiben wird.“ Damit hatte die Mutter Kind und Hund einfach zur Tür hinaus geschoben.

Nun also drückte Dorle ungeduldig so lange einen Finger auf den Klingelknopf, bis Oma zornig die Tür öffnete. Aber bevor sie anfangen konnte zu schimpfen, fragte Dorle aufgeregt: „Oma, wer kommt heute an, der immer bei uns bleiben wird?“

„Zuerst sagt man: ‚Guten Morgen‘, ehe man anfängt zu fragen.“

„Ja, aber Mutti hat doch gesagt...“

„Ganz sicher nicht, daß du so unartig läuten sollst!“

„Nein“, sagte Dorle kleinlaut, „nur

bitte, bitte, liebe Oma, ach sag mir doch, wer ankommt, der immer bei uns bleiben soll?“

„Ach", sagte die Großmutter, „ist es soweit? Du lieber Gott, laß nur alles gut gehen!" Damit setzte sich die Oma auf einen Stuhl und schaute vor sich hin, und ihr Gesicht sah ganz sorgenvoll aus.

Dorle wußte jetzt nicht mehr als vorher. Sie glaubte, die Großmutter hätte sie nicht richtig verstanden und begann mit ihrer Fragerei von vorne:

„Mutti hat gesagt, du erklärst mir, wer das ist, der zu uns kommt und für immer dableibt."

„Ja, wer das ist? Das kann ich dir nicht so genau sagen", erklärte die Großmutter. „Es ist jemand Kleines. Du mußt eben warten, bis du später wieder nach Hause darfst. Jetzt bleibt ihr beide da, und wir trinken miteinander Kaffee, der Mohrle wird auch Hunger haben." Bald saßen Oma und Enkelin am Frühstückstisch, und auch Mohrle schleckte sein Tellerchen leer. Aber die Frage nach dem Besuch, dem ganz kleinen, hatte Dorle nicht vergessen.

„Vielleicht kommen kleine Hühnerchen oder Entchen? Oder vielleicht bekommt die Geiß Junge? Oder vielleicht bringt Vater ein kleines Schweinchen? Oma, ein Schweinchen, so ein ganz kleines, das hätte ich schon lange gern.“ Zu allem schüttelte die Großmutter den Kopf. Sie wollte nichts mehr sagen, und Dorle konnte es nicht erraten. Natürlich wollte Dorle nun am liebsten gleich wieder heimgehen, um nachzusehen, aber das erlaubte die Großmutter nicht.

„Der Besuch ist jetzt noch nicht da“, sagte sie sehr bestimmt. „Erst wenn Vater kommt und uns alle holt, dann ist es soweit. Vorher dürfen wir nicht stören.“ Oh, wie geheimnisvoll! Dorle lief der armen Oma auf Schritt und Tritt nach und wollte vom Spielen gar nichts wissen. Und weil Dorle keine Ruhe gab, gab der Mohrle auch keine, und die Großmutter hatte ihre liebe Not mit den beiden.

Die Stunden vergingen so langsam. Schließlich, wie das immer ist, vergingen sie doch. Dorle hatte die Großmutter gerade zum hundertsten Male gefragt, ob vielleicht doch ein Schweinchen käme, als plötzlich der Vater kam. Er machte ganz sonderbare Augen, und sein Gesicht strahlte. Er sagte gar nichts, aber Großmutter wußte wohl gleich Bescheid.

„Gottlob", sagte sie, „gottlob!" Und schnell zog sie eine frische Schürze an.

„Ist der Besuch da?" fragte Dorle, „ist es ein Schweinchen?" Der Vater lachte sehr.

Zu Hause wurde der Mohrle zu Marbuz in die Küche gesperrt. Aber die Großmutter, Vater und Dorle gingen ins Schlafzimmer der Eltern. Dort wäre der Besuch, hatte Vater erklärt, und Dorle müßte ganz, ganz leise sein, denn wahrscheinlich schliefe er.

Die Mutter lag im Bett. Ihre Augen strahlten genau so froh wie Vaters. Und im Arm hielt sie ein Bündelchen.

„Da, sieh mal, Dorle“, sagte sie, „sieh dir's genau an: es ist ein Brüderchen!“

Dorle betrachtete sich das kleine Ding. Sie sah ein rundes kleines Näschen, einen drolligen Haarwuschel und ein paar winzige Fäustchen. Das also war der Besuch! Dorles Herz klopfte ganz stark vor lauter Liebe.

Der gute Hüter

Dorle war in der Schule. Das war immer eine schwere Zeit für Mohrle. Er lief dann auf Schritt und Tritt der Mutter nach und stieß von Zeit zu Zeit einen leisen Klageton aus, als ob er fragen wollte: wann kommt sie denn endlich wieder? Die Mutter verstand das gut und sagte: „Bald kommt sie wieder, mein Mohrle, es dauert nicht mehr lange. Geh ein Weilchen in den Garten und spiel mit der Marbuz!" Mohrle spitzte die Ohren: die Marbuz, richtig, die war ja auch noch da. Mohrle hatte längst gelernt, sich im Garten anständig aufzuführen, darum durfte er sich jetzt auch allein darin aufhalten. Als die Mutter ihn jetzt hinausließ, lief er zuerst zum Tor und drückte den Kopf ans Gitter. Er wußte genau, aus welcher Richtung Dorle kommen mußte, wenn sie endlich nach Hause kam. Dahin schaute er unverwandt. Wißt ihr, was dann geschah?

Die Marbuz kam von hinten angeschlichen, leise, leise, wie das so Katzenart ist. Und auf einmal, hops, saß sie dem Mohrle auf dem Buckel und zauste ihn. Das gefiel ihm gar nicht. Schnell schüttelte er sie ab und wollte sich dann auf sie stürzen, um sie für ihre Frechheit zu bestrafen. Aber das Kätzlein war flink: mit einem Satz sprang Marbuz auf den Pfosten vom Gartentor und lachte Mohrle aus. Mohrle schimpfte: „Wauwau, du freches Ding, du freches!“

Der Marbuz war das ganz gleich. Sie saß in Sicherheit da oben und putzte sich gründlich. Schließlich beruhigte sich Mohrle auch wieder. Er streckte sich nahe der Gartenpforte lang aus und ließ die Sonne auf seinen Pelz brennen. Aber die Marbuz behielt er wohl im Auge. Sie sprang nach einem Weilchen wieder von ihrem Sitz herunter und strich durch den Garten auf der Suche nach einem gemütlichen Plätzchen, um ein wenig zu schlafen.

Unter dem Nußbaum lag in seinem Wagen das Brüderchen. Es schlief nicht. Es schaute mit großen Augen um sich und war nicht sehr glücklich, es hatte seinen Schnuller verloren. Es verzog schon sein Mündchen und hätte wahrscheinlich im nächsten Augenblick angefangen, kräftig zu schreien. Da tauchte auf einmal über dem Rand des Wagens ein Kopf auf. Brüderchen kannte den Kopf gut, er gehörte Marbuz. Dem Kopf folgte die ganze Katze, die sich Brüderchens Wagen als ihren schönsten Platz ausgesucht hatte. Brüderchen war erfreut über den Besuch.

„Bla-bla-bla", sagte es und: „wla-wla-wla", das alles bedeutete wahrscheinlich eine ganze Menge.

Mohrle hatte die Geschichte scharf beobachtet. Und was da geschah, fand er nicht in Ordnung. Er fing laut zu bellen an. Mohrle bellte oft, darum achtete zuerst niemand auf ihn. Er hörte aber nicht auf, und sein Bellen wurde immer lauter und zorniger.

Schließlich dachte die Mutter: was hat der Hund? Sie ging vor die Haustür und merkte, daß Mohrles Geschrei gerade dorther kam, wo Brüderchens Wagen stand. Schnell lief die Mutter dorthin.

Und was sah sie? Gemütlich zusammengeringelt lag Marbuz auf der Wagendecke. Brüderchen aber hielt mit beiden Händchen den Katzenschwanz umklammert.

Der Mutter gefiel nicht, was sie da sah. Mohrle schaute tief befriedigt zu, wie das Katzentier aus dem Wagen gejagt wurde.

Er selbst wurde für seine Wachsamkeit gelobt und bekam in der Küche ein besonders gutes Bröckchen zu futtern.

Mohrle und der grüne Mann

Mohrle ging brav mit Dorle spazieren. Er blieb manchmal zurück, weil er etwas beschnuppern mußte, oder lief ein Stück voraus. Das machte er immer so. Dorle hatte auch mancherlei zu tun auf solchen Gängen. Sie mußte einem Schmetterling nachlaufen oder eine besonders schöne Blume aus der Wiese holen oder auf einem Bein hüpfen. Und gerade dabei geschah es. Dorle wollte fünfzig Hüpfer auf dem rechten Bein machen und dabei tüchtig vorwärtskommen. Es war nicht so einfach, und sie war schon fünfunddreißig Mal gehüpft. Da fing Mohrle plötzlich an zu rennen. Dorle sah gleich, was los war: ein Hase verschwand eben zwischen den Waldbäumen. Mohrle rannte hinterher.

„Komm, Mohrle, komm, wir dürfen nicht in der Wald, die Mutti hat's verboten!" Sie konnte lange rufen, der Hase war Mohrle wichtiger als Dorles Rufen. In langen Sätzen lief Meister Langohr geschwind durch den Wald. Mohrle war auch nicht faul und rannte wie besessen hinterher. Trotzdem war die Gefahr für den Hasen nicht groß, denn solch ein brauner Geselle ist oft flinker als ein Hund. Aber die arme Dorle kam den beiden nicht nach, wenn sie auch lief, so schnell sie konnte. Dabei rief sie immerfort so laut sie konnte. Sie steckte nun schon tief im Wald drin und mußte ein Weilchen stehen bleiben, um wieder Atem zu schöpfen.

„Mohrle!" schrie sie recht verzweifelt, „Mohrle!"

„Warum schreist du denn so?" sprach eine Stimme neben ihr. Da stand ein Mann in grüner Kleidung. Er trug ein Gewehr über der Schulter. Dorle brüllte vor Schreck noch lauter als vorher: „Mohrle! Mutti!“

„Man schreit nicht so im Wald herum, hörst du, das darf man nicht! Wo kommst du denn her?“

„Den Mohrle such ich, meinen Mohrle!“ jammerte Dorle voller Angst.

„Ist das dein Hund?“

Dorle konnte vor lauter Aufregung kaum Antwort geben.

„Dann muß ich ihn totschießen.“ Und ausgerechnet in diesem Augenblick kam Mohrle angelaufen. Es war ihm klar geworden, daß er den Hasen doch nicht einholen könnte. Aber Dorle hatte all ihren Mut wiedergefunden. Mit einem Satz erwischte sie ihren Mohrle und rannte mit ihm davon, so schnell sie nur konnte.